AF595146

LETTRE DE DULIS A SON AMI;

PAR M. MERCIER.

Mors ſtupebit & natura.

A LONDRES;

Et ſe trouve à Paris,

Chez la Veuve DUCHESNE, Libraire, rue Saint Jacques, au Temple du Goût.

M. DCC. LXVII.

PRÉFACE.

CHAQUE Art a ſon but & ſon utilité. Le but de la Poëſie eſt d'émouvoir, d'intéreſſer, de peindre avec autant de force que de vérité. Elle a au-deſſus des autres Arts le don de perſuader vivement, de toucher l'ame par excellence, de la ravir à la froide réfléxion, de l'entraîner en la frappant du côté ſenſible. Le Philoſophe, pour nous écarter des précipices, nous étale ſes préceptes, le Poëte, plus adroit, peint le tumulte effrené des paſſions, s'identifie avec les coupables, ou plûtôt avec les malheureux, & par un tableau vivant & animé, nous effraye bien plus que ne pourroient faire les cris des Moraliſtes. Si le Phyſicien obſervateur s'aſſied, ſans pâlir, ſur les roches calcinées qui bordent les gouffres des Volcans, ſi plus intrépide il oſe ſonder l'ouverture de ces abîmes, où les Torrens embraſés des feux de la nature ont laiſſé les traces de leur fureur; le Poëte, à ſon exemple., fouille le cœur humain, abîme auſſi vaſte, auſſi profond, auſſi horriblement brûlé, auſſi cruellement déchiré par le ravage plus funeſte des paſſions. C'eſt le Poëte qui développe avec des couleurs frappantes ce que le Philoſophe indique à peine, & ce qu'il ne devinera jamais. Lui ſeul entend le langage ſecret des paſſions, voit leur déſordre énergique, caractériſe leur ivreſſe & leur inconſtance, lui ſeul connoît les reſſorts cachés qui les ſoulevent & les appaiſent, & quand l'œil du Matelot, au milieu du calme des airs voit le point imperceptible, qui va groſſir ſous l'aîle des vents, obſcurcir bientôt l'Atmoſphère, & vomir la Foudre & les Tempêtes ; de même l'œil du Poëte devine les Orages, à peine ſoupçonnés de ceux qui en ſeront les victimes ; il apperçoit le germe, la naiſſance, les progrès inévitables, les combats affreux de ces Moteurs inviſibles, qui varient & bouleverſent à leur gré les ſcènes morales de l'Univers.

Mais de tous le plus fécond, le plus intariſſable, le plus violent, le plus difficile à peindre, eſt ce penchant qui rapproche & réunit les deux ſexes ; aliment néceſſaire & deſtructeur du cœur de l'homme. Paſſion impétueuſe en ſes tranſports, terrible en ſes fureurs, inexprimable en ſes plaiſirs, plus ſenſible que l'Amitié, plus tendre que la Nature, plus cruelle que la Haine. Elle emporte dans ſon Tourbillon toutes nos facultés, & des Eſclaves tremblans ſont moins ſoumis à un Deſpote altier, que l'Homme ne l'eſt à cette convulſion délicieuſe, à ce déſordre des ſens qui confond l'ame enivrée de ſa joie, & égare la raiſon la plus froide ou la mieux aguerrie. La Nature ſi ſage dans ſes vues, ſi économe dans ſes moyens, a attaché un plaiſir à la ſatisfaction de chaque beſoin ; mais ici elle a pouſſé l'impulſion plus loin, comme pour ne pas manquer son principal but; elle a créé une Volupté toute particulière; Volupté puissante qui annonce son ordre impérieux, Volupté tyranique, aussi terrible à combattre que dangereuse à suivre. La Fléche qui obéit à l'Arc qui détermine son vol rapide, est l'image de notre foible volonté ébranlée au moindre choc. Qui a calculé jusqu'à quel degré pouvoit monter l'emportement de cette Passion? Quel cœur a connu toute son énergie pour en peindre les effets & en indiquer les Sauvegardes. Quel sera le Newton de cette attraction violente, qui pour parler le langage figuré, précipite dans le même tems, avec une force égale & vers le même centre, & le Moucheron léger des airs, & le Lion rugiſſant des forêts & l'homme plus ſuperbe & plus eſclave qu'eux. Le déſir le plus foible conduit auſſi ſûrement au terme que le déſir le plus impétueux ; ainſi variable à l'infini, puiſſante dans ſes moindres efforts, ſuſceptible de tous les caractères, tendre, barbare, généreuſe, cruelle, capable de tout ſacrifice & de tout excès, cette paſſion mieux ſentie que connue, eſt comme le Protée de la Fable. Tantôt eau limpide, rafraîchiſſante, appaiſant les tourmens de la ſoif, tantôt tourbillon de flamme qui conſume & dévore.

Ces réflexions nous paroîtront peut-être étrangeres, à nous qui ne connoiſſons plus de paſſions fortes qui fatiguons nos ſens dès notre aurore, qui ne ſavons plus apprécier ce ménagement des plaiſirs qui les rend tout à la fois & plus actifs & plus durables ; elles ſe ſont préſentées à mon eſprit en liſant l'étrange événement conſigné dans le Recueil volumineux des Cauſes Célèbres, & qui a donné lieu à cet Ouvrage.

Je dirai en paſſant que qui voudra connoître toute la profondeur du cœur humain & l'inexplicable tiſſu de ſes replis, doit parcourir ces archives tumultueuſes, où les paſſions livrées à leur aveuglement ne portent plus un maſque comme dans l'Hiſtoire, mais ſe montrent à découvert, tantôt avec l'audace du crime, tantôt avec la ruſe de la vengeance, tantôt avec la fureur de la haine, mais toujours ſous des traits également vigoureux & marqués. J'avouerai que cette lecture eſt affligeante ; mais c'eſt en quoi elle me ſemble utile & inſtructive.

Voici le précis du fait que je traite aujourd'hui. Un jeune homme d'une imagination ardente, eſt conduit par la dureté de ſes parens & par l'infortune, dans ces eſpèces de tombeaux qui renferment des vivans, & où le rigoriſme exerce ſon cruel empire. Dans l'âge des paſſions, il ſe trouve au milieu d'un Cloître, en proye à des deſirs que l'auſtérité, la ſolitude & l'eſclavage rendent plus dévorans. Mais il eſt deſtiné à voir éterniſer la durée du tourment qui ſéche la fleur de ſes beaux jours. Il s'accroît dans ce ſéjour triſte, où il eſt enchaîné par la néceſſité, où tout le fatigue, où rien ne le guérit, où il ſe conſume, où il ne conſerve la vie que pour maudire ſon exiſtence, où il appelle la mort ſourde à ſes cris; d'un œil avide & ſombre, il fixe avec recueillement les tombeaux où la mort éteint entre ſes bras glacés les douleurs de la vie, il ſoupire après cet inſtant; mais il n'en éprouve pas moins, ſous un joug inſuportable, le plus long & le plus douloureux ſupplice. Quel état! le Deſtin, pour combler ſes maux, le reſervoit à un danger où lui ſeul pouvoit ſuccomber. L'habit qu'il portoit lui impoſoit le devoir de veiller auprès des morts; c'eſt dans ces exercices lugubres que le poiſon de la mélancolie fermente plus vivement dans ſon ſein, c'eſt là qu'il ſe familiariſe avec le trépas, & que ſon image n'a plus cette horreur qui ſaiſit nos cœurs. Une jeune fille dont la beauté étoit célèbre, s'endort dans les ténèbres d'une léthargie profonde ; un art menteur décide qu'elle eſt ſous l'empire de la mort ; on éloigne des ſecours que l'on croit inutiles, & on livre ſon corps aux Miniſtres, dont les prieres doivent appaiſer la Juſtice Divine. Un Vieillard accompagne notre infortuné jeune homme ; mais le ſommeil le ſurprend. La nuit s'avance, le ſilence regne, les flambeaux pâliſſent. Un voile léger couvre ce corps, qui tout inanimé qu'il paroît, préſente un modèle de beauté & de graces. Ce malheureux jeune homme. que pousse d'abord la curiosité souleve ce voile, il n'y reconnoît point la pâleur de la mort ; bien-tôt un instinct fougueux l'égare ; enlevé à lui-même, il commet un crime dont le charme lui déguise l'horreur, & la victime infortunée de ses odieux transports, ne revient à la vie que pour pleurer l'honneur qu'elle a perdu sans être criminelle, mais sa bouche même n'ose attester son innocence.

Le fond de ce sujet est sans doute atroce & révoltant ; mais il n'est rien que la Poësie ne sache corriger & embellir par son invention & la magie de ses couleurs. J'ai imaginé les accessoires de la Fable ; j'ai conçu un caractère aussi extrême qu'il est rare.

Le Public paroît las, il eſt vrai, de ce genre d'Ouvrage, & c'eſt peut-être avec raiſon. J'ai crû cependant que ce ſujet neuf ou du moins piquant, offroit à l'Art des Tableaux qui pourroient intéreſſer quelques Amateurs.

G. de S. Aubin pinx. *N. Le Mire Sculp.*

LETTRE DE DULIS
*A SON AMI.**

AMI, tu frémiras en connoiſſant ma main,
Une trop juſte horreur va ſoulever ton ſein.
Je le ſais, mon nom ſeul allarme l'Innocence,
L'Humanité friſſonne & demande vengeance.

* DULIS eſt ſuppoſé écrire du fond d'une Priſon.

Ah ! moi-même étonné de ce forfait nouveau ;
J'ai pour juge mon cœur, la honte pour bourreau.
Accours, ô lente Mort, ô mort que je desire ;
Écoute un malheureux que le remord déchire ....
Tout me fuit, m'abandonne à mes tourmens affreux.
Oui, je suis criminel, mais je fûs vertueux.
Qui l'eût dit dans ces tems de paix & d'innocence,
Qu'un jour je maudirois ma coupable existence ?

Dès mes plus jeunes ans, tu connus mes malheurs ;
Tu partageas mes maux, tu leur donnas des pleurs.
Mon ame indépendante a connu le courage
Des plus rudes assauts j'ai soutenu l'orage ;
Mais de coups plus pesans le Destin m'a chargé ;
Sans doute l'infortune est ce qui m'a changé.

C'étoit peu d'éprouver la fortune rebelle ;
Mais me voir repoussé de la main paternelle
Mais errer sans appui, sans guide, sans secours,
Promenant au hazard les plus beaux de mes jours ;

Mais

Mais me voir avili dans l'obscure misere ;
Impuissant à courir une noble carrière ....
Le sombre Désespoir vint affaisser mon cœur.
Je voulus à loisir savourer ma douleur.
Je choisis un azyle, un tombeau solitaire ;
Où je pusse oublier les Humains & la Terre ;
Où dans l'ombre caché je pusse ensevelir
De tous mes vains projets l'ambitieux désir.
Si tu connois l'excès des passions humaines
Ces semences de feu qui brûlent dans nos veines ;
Si tu connois l'Amour, captif en sa fureur,
Ami, plains les tourmens, les troubles de mon cœur.
Sous un habit sacré, vois un penchant profane
Que la Nature avoue & que le Ciel condamne ;
Cet indomptable instinct tyrannique & fougueux ;
Après de longs combats renaît plus furieux.
Si la beauté s'offroit à mon ame éperdue,
Palpitant de désirs je détournois la vue :
Malheureux ! je craignois de rencontrer les yeux
Dont la douce langueur m'embrasoit de leurs feux.

Sans cesse dévoré d'une flamme inutile,
Contre moi-même en vain je cherchois un azyle ;
Tems pénible ! Ah ! combien j'ai répandu de pleurs....
La fleur de mes beaux jours séchoit dans les douleurs ;
Je mourois ... Je te vis, adorable Junie,
Tu parus tout-à-coup à mon ame attendrie,
Le Dieu qui descendoit pour appaiser mes maux ;
Le Dieu qui m'apportoit le calme & le repos.
Tous ces désirs errans devant toi s'éteignirent,
Mes feux rendus plus doux sur toi se réunirent.
Des désirs emportés, je n'eus plus la fureur,
Je n'avois que des sens, tu me donnas un cœur.
Tout change à mes regards, mon joug est supportable,
Ce Temple auguste & saint devient plus vénérable.
Chaque jour je l'y vois humble aux pieds de l'Autel
Présenter des vœux purs avoués par le Ciel.
Quels traits ! Sa piété modeste & recueillie,
Ses soupirs vers son Dieu, ce front qui s'humilie,
Sa douce voix mêlée aux chants religieux ...
Je n'entends qu'elle, & seule elle attire mes vœux.

Jamais un ſeul regard ne ſut trahir ma flâme.
Je renfermai deux ans le ſecret de mon âme ;
Satisfait de la voir, content de ce bonheur,
Heureux, de la porter dans le fond de mon cœur.
Ma ſeule volupté fut d'aimer en ſilence,
Ce front noble & charmant où ſe peint l'innocence ;
On vantoit ſes vertus, & j'étois orgueilleux
Des hommages rendus à l'objet de mes feux.

Mes jours étoient ſerains, je voyois mon Amante ;
Chaque jour, chaque inſtant me l'offroit plus touchante ;
De mes ſens abuſés délicieuſe erreur ;
Je ne ſais quel eſpoir habitoit dans mon cœur !
Du charme de l'Amour mon ame pénétrée,
Trompoit dans ſes langueurs ma raiſon égarée.
Sans vouloir m'éclairer ſur des troubles nouveaux,
Je goûtois du plaiſir à gémir de mes maux.
O coup fatal ! j'apprends que ma chere Junie,
Sous le joug de l'Himen doit être aſſujettie,
Que d'un pere abſolu reconnoiſſant les loix,
Elle accepte un Époux qui n'eſt pas de ſon choix.

A ce récit affreux mes sens se soulevèrent,
Le désespoir, la rage en mon cœur s'élevèrent.
Immobile, éperdu, je vis avec horreur
Que je n'avois de droits que ceux de ma fureur.
Je n'eus plus de repos... la sombre jalousie
De ses serpens cruels vint tourmenter ma vie.
Las de me voir en butte aux cruautés du sort,
Ami, je résolus de me donner la mort.
Du moins, je la voulois éclatante, terrible ;
C'étoit au Temple même, en ce moment horrible
Où Junie aux Autels prononceroit ses vœux,
Que tout mon sang devoit ruisseler sous ses yeux ;
Dans ce sombre projet mon ame ensevelie
Ainsi s'applaudissoit d'abandonner la vie.
Au milieu des horreurs de ce funeste jour ;
Je devois lui prouver l'excès de mon amour,
Lui dire en expirant. . , Junie,. . . oui, je t'adore....
J'ai répandu mon sang. . . vis. . . sois heureuse encore....
Mais, que n'a-t-il coulé sous ma juste fureur
Ce sang que l'on déteste & qui me fait horreur ....

Je marchois en silence & tournois la paupiere
Vers ce Ciel, dont bien-tôt je quittois la lumière,
Souriant du destin, de ses coups imprévus,
Et méprisant un monde où je ne tenois plus.
Calme & même orgueilleux d'un prétendu courage,
Je me croyois au port d'où l'on brave l'orage :
Quel nouveau coup de foudre. ... une lugubre voix
M'épouvante, me frappe & m'écrase à la fois.
Je l'entends, cette voix formidable & cruelle,
» Junie est morte... allez, vous veillerez près d elle.
» Cessez d'être étonné, la mort frappe en tout tems
» L'homme qui meurt, ne laisse ici que des mourans.
J'aurois pû concevoir dans ma douleur profonde
La fin de l'Univers ou la chute du Monde;
Mais cette mort soudaine étoit trop loin de moi.
Je demeurai long-tems pâle, saisi d'effroi;
Mais bien-tôt la fureur reprenant son empire,
Égara mes esprits dans un affreux délire.
L'enfer est dans mon sein, je blasphême le Ciel,
Et toute vertu fuit de ce cœur criminel.

La nuit prompte à voler étend ſon voile ſombre ;
J'errois d'un pas farouche, on m'arrête dans l'ombre ;
Stupide, irréſolu, ſi dans mon déſeſpoir
Je devois accomplir ce barbare devoir.
En ce moment affreux combien j'étois à plaindre ;
Quand le cœur eſt bleſſé qu'il eſt cruel de feindre.
» Qui, moi, j'irois veiller ſon corps inanimé!
» Je verrois dans la mort ce que j'ai tant aimé.
» Non... un ſage Vieillard ſévère avec tendreſſe
Me dit... Viens ſur mes pas... J'excuſe ta foibleſſe...
Je ſentis ſur mon front ſe dreſſer mes cheveux.
Je crus qu'il devinoit le ſecret de mes feux,
Que délateur barbare, il vouloit... Mais ſa bouche
Avoit ce ton vainqueur qui raſſure & qui touche ;
Il ignoroit mon ſort, mais me voyant gémir,
Senſible & vertueux, il ſavoit s'attendrir.

Déjà je l'apperçois cette Maiſon fatale,
Où la Mort étaloit ſa pompe ſépulchrale.
Je vois un peuple en deuil, gémiſſant, conſterné,
Je pâlis... ſur le ſeuil je tombe proſterné ;

Je demeure ſans force. . . . Une main inviſible
Sembloit me repouſſer de ce ſéjour terrible.
Je déguiſe mon trouble, & je ſuis ce Vieillard;
Il flattoit ma douleur d'un généreux regard;
Et ſon bras appuyoit ma démarche tremblante. . . .
Me voici dans ce lieu de terreur, d'épouvante,
Où l'effroyable Mort qui ſe rit de nos vœux,
Enchaînoit ſa victime entre ſes bras affreux.
Le linceuil qui couvroit ma malheureuſe Amante
Laiſſoit voir de ſon corps la forme raviſſante;
Et d'un triſte flambeau le jour pâle & tremblant
Imprimoit ſur les murs tout l'effroi du néant.
Graces, beauté, jeuneſſe & tout ce qui ſait plaire;
Tout, eſt enſeveli ſous ce drap mortuaire!
Dors-tu dans ce cercueil, Junie. . . . Ah! réponds-moi;
Ton Amant malheureux eſt-il auprès de toi?
Connois-tu ſon amour. . . ô Maitreſſe adorée;
Je cherchois au-deſſus de ta tête ſacrée
Le bras qui ſur tes jours étendit ſon courroux;
J'implorois à tes pieds & j'attendois ſes coups.

Frappe implacable Dieu, fais descendre ta foudre;
Dans le même tombeau réduis mon corps en poudre....;
J'accusois.... J'invoquois dans mon douloureux sort
Ce Dieu grand & terrible Arbitre de la mort;
Pleurant, je récitois ces lugubres prieres,
Qui désarment sa foudre entre ses mains sévères
Et ces chants de pitié de l'abîme élancés
Se môloient dans les Airs à mes cris insensés.
Le dirai-je, au milieu de ces accens funèbres
J'entendois une voix qui sortoit des ténèbres,
Qui crioit à mon cœur, va, fuis, sors malheureux;
Sors, que viens-tu chercher dans ces funestes lieux.
Et moi, je répondois, réveille-toi Junie,
Sors de ce long sommeil & renais à la vie.
Ce terrible délire augmentoit mon effroi.
Un nuage de mort s'étend autour de moi.
A mes côtés gémit une voix douloureuse....;
Ce corps, ce linceuil blanc, la clarté ténèbreuse;
Qui peint d'un pâle éclat cette scène d'horreur,
A versé dans mon sein une froide terreur.

Les

Les yeux toujours fixés, mes regards se troublerent,
Et bien-tôt par degrés mes esprits s'allumerent....
Je me crus transporté dans un autre univers;
Là, j'apperçus Junie au sein de mille éclairs:
D'Archanges radieux elle est environnée,
Et d'immortelles fleurs sa tête est couronnée:
Je la vois qui sourit & qui me tend les bras,
Je m'élance.... Tout fond dans la nuit du trépas.
Je me leve agité, tremblant, hors de moi-même,
Mes sens étoient glacés, pleins d'une horreur suprême;
L'œil égaré, j'errois d'un pas mal affermi.
Je vois à mes côtés ce Vieillard endormi.
Le flambeau va s'éteindre, il forme une ombre immense.
Me voilà seul, au sein d'un terrible silence.
Ce calme qu'interrompt l'airain retentissant,
Ce lit, ce lit funèbre & son voile effrayant.
Entouré de la mort & seul avec Junie,
Je crois encor répondre à cette ombre chérie....
Tout-à-coup, ce linceuil me paroit s'agiter,
Ce corps inanimé me semble palpiter.

Ah ! de quels ſentimens mon ame fût atteinte !
Animé par l'eſpoir, retenu par la crainte,
Vers ce funèbre lit, je porte un pas tremblant,
Je recule d'effroi, j'avance en friſſonnant.
Ma main ſouleve enfin ce voile redoutable... ;
O moment de ſurpriſe ! ô joie inexprimable !
Non, ce n'eſt point la mort avec ſes traits hideux ;
C'eſt Junie !... Elle dort dans un ſommeil heureux,
Et parmi tant d'horreurs ſa beauté plus touchante.. :
Sois béni, juſte Ciel, qui me rends mon Amante !
L'étonnement, l'amour m'accablent à la fois.
Je voulus m'écrier...... & me trouvai ſans voix.
Ses yeux demi fermés, ſa bouche enchantereſſe,
Ses bras abandonnés à leur douce molleſſe....
Je doute encor... Je crains une flatteuſe erreur,
Et mon heureuſe main ſent treſſaillir un cœur.
Où ſuis-je ? Que devins-je ? O fureur ſacrilége !
L'azyle du tombeau n'a plus de privilége ;
Je friſſonne.... Junie.... ô Tonnerres du Ciel,
Ecraſez de vos feux un lâche criminel.

O Dieu ! c'étoit à toi de ſauver l'innocence :
Le crime va plus loin que ne fait ta vengeance ;
M'avois-tu reſervé pour révolter les cœurs
Et l'Humanité ſainte, & la Nature en pleurs ?

Mais comment achever ce récit exécrable ?
Malgré l'égarement du forfait qui m'accable,
J'appelle des ſecours ; prêt à tout avouer ;
Mais de ce zèle heureux je ne puis me louer.
Retombe dans la mort, malheureuſe Junie,
Tu renais pour l'opprobre & pour l'ignominie !
Le crime m'environne & ſon horreur te fuit.

Le jour qui s'élévoit plus affreux que la nuit,
Me parut dans le Monde apporter la lumière
Pour annoncer mon crime à la Nature entière.
Sur le front du Vieillard on voit la paix des Cieux,
Et le mien eſt noirci de nuages affreux.
Le ſommeil me ſurprend, dans ſes bras inviſibles,
Je me vois pourſuivi par des ſpectres horribles.

Je m'éveille, trempé d'une froide ſueur;
Je ne prévoyois pas mon ſupplice vengeur.
O nouveau châtiment qu'un Ciel juſte m'envoye !
J'entends ſoudain des cris mêlés de cris de joie.
O terreur ! Je crus voir le Juge Souverain,
Le Dieu vengeur entrer ſes foudres à la main.
C'eſt.... J'en frémis encor, le pere de Junie,
Qui, l'œil mouillé de pleurs, d'une voix attendrie
M'appelloit mille fois ſon cher Libérateur,
Me preſſoit ſur ſon ſein, moi frémiſſant d'horreur....
Ah ! je ne méritois dans ma lâche furie,
D'autre nom que celui de Raviſſeur impie;
Et ce Pere, trompé dans ſes tranſports heureux,
Quand je me déteſtois, m'eſtimant vertueux,
Serroit entre ſes bras le bourreau de ſa Fille,
Et l'Artiſan des maux de ſa triſte famille.
Accablé de ces traits, de douleur éperdu,
Muet à ſa tendreſſe, ou plûtôt confondu,
Je diſois; ouvrez-vous abîmes de la terre!
Et toi, n'avance point ſur les pas de ton Pere,

O ſi Junie alors ſe fut offerte à moi,
Soudain à ſes côtés je ſerois mort d'effroi.

Hélas ! je la revis cette Amante outragée ;
Mais fuyant ſes regards.... Ah ! qu'elle étoit vengée !
Tous les cœurs ſe livroient au plaiſir de l'aimer ;
Et moi d'affreux remords viennent me conſumer.
Je quitte enfin ces lieux qu'habite l'innocence,
Ces lieux ſaints, trop longtems ſouillés par ma préſence;
Je n'étois point lié par le nœud des ſermens.
Je cachai mon ſéjour, mon nom & mes tourmens ;
N'oſant lever les yeux vers la voûte céleſte,
Accablé ſous le poids de mon crime funeſte ;
Plongé ſtupidement dans un muet effroi,
Abandonné de tous, malheureux avec moi.

Mon infâme attentat couvert de la nuit ſombre
Ne devoit pas reſter enſeveli dans l'ombre.
La Nature avoua mon triomphe odieux,
Elle oſa couronner mes déteſtables feux ;
Et pour comble d'horreurs, Junie infortunée,
Par une voix profane eſt bien-tôt condamnée.

Un Pere furieux a fait rougir ce front,
Ce front doux, trop timide à cet injuſte affront.
Hélas! ſur un cœur pur à peine raſſurée,
De reproches ſanglans ſans ceſſe déchirée,
Immobile & muette aux accens du mépris
La ſurpriſe en impoſe à ſes ſens interdits.
Elle brûla, dit-on, de feux illégitimes.
Les Mortels corrompus ſoupçonnent tous les crimes;
Ils étoient loin encor de ſoupçonner le mien!
Tout déchiroit mon cœur en accablant le ſien.
Mais faut-il l'avouer, au milieu de ſes larmes,
Dans ſon malheur affreux je trouvois quelques charmes;
Cet Hymen qui devoit la mettre en d'autres bras,
Cet Hymen odieux ne s'accomplira pas.
Oui, je fus un Tyran, mais par ce droit barbare,
J'enchaîne à mes deſtins une Beauté ſi rare;
Je n'ai plus de Rival.... ſcélérat que je ſuis,
Quoi, de mon crime encor j'oſe goûter les fruits!
Honteux, déſeſpéré, je m'abhorrois moi-même.
Il faut céder aux cris de ce Juge ſuprême,

Qui tonne au fond des cœurs & punit le forfait ;
Mourons, mais dévoilons cet horrible secret.
Réparons ce grand crime, & rendons à Junie
Et le cœur de son Pere & l'honneur & la vie....

» O Pere malheureux, je viens vous détromper.
» De quel coup inoui ma voix va vous frapper ;
» Il le faut révéler ce forfait exécrable.
» Vous ne voyez en moi qu'un Monstre abominable,
» Qui... quand j'aurai parlé.... Frappez, voilà mon sein,
» Punissez l'homme vil, le sacrilége enfin....
» Des ombres de la mort Junie environnée,
» N'a point mis de barrière à ma rage effrenée,
» J'osai... le triste fruit qu'elle porte en ses flancs
» Est le fruit criminel de mes emportemens ;
» Ce forfait incroyable, elle-même l'ignore ;
» Vous savez tout... Percez ce cœur qui brûle encore.
» J'abandonne mes jours au plus juste courroux ;
» Vengez & votre Fille & la Nature & vous....

Il recule à ces mots, frémit de ma présence,
Il appelle à grands cris, il obtient sa vengeance.
On m'arrête, on m'entraîne au rang des scélérats.
J'ai mérité leur nom & j'attends leur trépas;
Mais la pitié, tribut qu'on paie à l'infortune,
De tout cœur attendri dette foible & commune,
Hélas! on la refuse à mon malheureux sort:
On verra d'un œil sec mon supplice & ma mort.

Le glaive de Thémis, vengeresse implacable,
Hier fût suspendu sur ma tête coupable.
Mes Juges ont pâli. . . . L'urne de mes destins
Dans ce cas imprévû balançoit dans leurs mains.
Le front voilé, Junie alors étoit présente.
Je leve un œil tremblant sur ma timide Amante:
Comme un rapide éclair je surprends son regard:
Si c'étoit la pitié, si l'Amour avoit part,
Si de mon repentir son ame prévenue,
Sans une horreur secrette avoit souffert ma vue,

Si

Si lisant dans mon cœur, où son nom est gravé,
Sensible à mes remords, son cœur eût éprouvé...
Que dis je? Elle me hait, & c'est avec justice;
Voilà l'arrêt fatal qui fait seul mon supplice.
O! comment supporter ce tourment douloureux!
Fuyez trompeur espoir, tous mes droits sont affreux.
Tu me hais, ô Junie! & ta voix peut m'absoudre.
Non,... le Ciel appaisé, j'invoquerois sa foudre;
Non, ce n'est point au crime à conduire au bonheur...
Va, je me reconnois digne de mon malheur.

De mes tristes fureurs déplorable victime,
Je crie encor, vers toi, mais du fond d'un abîme!
Si la vengeance est chere à tes yeux courroucés,
Contemple tous les maux sur ma tête amassés.
Le mépris qui me suit, son trait insupportable,
Plus cruel que la mort déchire un misérable.

Je renonce à la vie & non à mon amour,
O Junie!... à l'inſtant que je perdrai le jour;
Je dirai, mon ivreſſe a commis cet outrage;
J'étois né pour te rendre un légitime hommage.

www.ingramcontent.com/pod-product-compliance
Lightning Source LLC
LaVergne TN
LVHW050222180726
843501LV00013BA/2197